Programa de Entrenamiento del Servicio en el Tenis

¡Sirva 10 a 20 mph más rápido en 90 días!

Por Joseph Correa

DERECHOS DE AUTOR

Copyright © 2017 Joseph Correa

Todos los derechos reservados. Este libro o cualquier porción no podrá ser reproducida o utilizada en ninguna forma sin el permiso escrito expreso del publicador, excepto citas breves del libro para revisiones del mismo.

El escaneo, subida y distribución de este libro por Internet o cualquier otro medio sin el permiso expreso del publicador y autor es ilegal y podrá ser penalizado por la ley.

Solo compre ediciones autorizadas de este libro. Por favor consulte con su médico antes de entrenar y utilizar este libro.

RECONOCIMIENTOS

Este libro está dedicado a todos los jugadores de tenis en el mundo que no se dan por vencidos y siguen trabajando duro cada día.

INTRODUCCIÓN

Programa de Entrenamiento del Servicio en el Tenis

¡Sirva 10 a 20 mph más rápido en 90 días!

Por Joseph Correa

Aprenda cómo cambiar su servicio drásticamente a través de 6 ejercicios que incrementaran la velocidad y aceleración de su raqueta de forma significativa.

Este libro incluye:

- Los 6 ejercicios para el servicio en Tenis
- Las 3 tablas que le enseñarán cómo hacerlos de forma organizada
- Explicación detallada de cada fase de las tablas
- 6 consejos para el servicio
- 15 ejercicios de servicio

Esta es su oportunidad para tener el mejor servicio con este entrenamiento, que le cambiará la forma en la que entrena su servicio. Usará un método científicamente comprobado para incrementar su velocidad y aceleración de raqueta a través de 6 ejercicios.

¿Quiere ganar más partidos gracias a su servicio?

¿Quiere hacer una gran diferencia en los resultados que tiene en sus partidos y torneos?

Bueno, en el tenis, ¡USTED PASA AL MENOS 46% DEL TIEMPO SIRVIENDO!, lo que significa que cuanto mejor controle su servicio, más oportunidades tendrá de controlar ese 46% de su partido.

El tiempo restante del partido, usted lo utiliza en la devolución del servicio y pegando golpes de fondo durante el punto. Esto significa, básicamente, que trabajar en su derecha, revés, smash, slice, top spin, devolución del servicio y otros tiros específicos, requerirán mucho más tiempo y esfuerzo para perfeccionar el 54% de su partido.

ENTONCES, ¿POR QUÉ NO TRABAJAR EN LO QUE IMPORTA MÁS?

Este libro le:

- cambiará su servicio

- reducirá las lesiones en el hombro

- reducirá la distancia que corre durante sus partidos.

- le enseñará cómo servir más rápido que nunca.

- le ahorrará lágrimas, frustración y pérdidas.

Incluye 3 tablas que explican en detalle cuándo, cómo, cuántas veces y qué entrenar. Cada tabla es específica para antes de competir, durante la competencia, y durante su temporada fuera de las canchas, que puede ser en el verano o invierno, para maximizar resultados.

Haga la inversión en su juego para cambiar cómo juega y ¡GANE MÁS TROFEOS!

Este libro le enseñará cómo servir 10-20 mph más rápido en un programa diario de 3 meses. El mejor programa de servicio en el mercado.

Este libro le muestra cómo hacer los ejercicios apropiadamente y el proceso que debería seguir para ser exitoso con el programa.

ACERCA DEL AUTOR

Hola, mi nombre es Joseph Correa, y he estado entrenando y enseñando tenis por más de 20 años. Jugué tenis profesional por años y soy un entrenador profesional certificado USPTR.

Luego de años de competir y entrenar con algunos de los mejores en el mundo, he aprendido que la mayoría de las personas pueden ser muy exitosas en la competición con el correcto entrenamiento mental, físico y emocional.

Técnicas científicamente probadas, ejercicios y fases paso a paso deben ser llevados a cabo para llegar a su máximo, y por esta razón he preparado el primero grupo de DVD y libros de entrenamiento, mostrándole cómo alcanzar sus fines.

A lo largo de mi trabajo y enseñanza, he ayudado a cientos de jugadores de tenis aficionados y profesionales a avanzar con sus fines físicos, mentales y de desempeño, para lograr grandes resultados.

¡La mejor de las suertes!

Joseph

Programa de Entrenamiento del Servicio en el Tenis

¡Sirva 10 a 20 mph más rápido en 90 días!

Por Joseph Correa

CONTENIDOS

DERECHOS DE AUTOR

RECONOCIMIENTOS

INTRODUCCIÓN

ACERCA DEL AUTOR

TABLA DE CONTENIDOS

PARTE 1: *¿CÓMO REALIZAR LOS EJERCICIOS?*

PARTE 2: *INTERPRETANDO LAS TABLAS*

PARTE 3: *SEIS SECRETOS PARA UN SERVICIO MÁS RÁPIDO*

15 EJERCICIOS DE SERVICIO PARA PARA DOMINAR LA CONSISTENCIA, SPIN Y PODER

OTROS TÍTULOS POR JOSEPH

PARTE 1

¿CÓMO REALIZAR LOS EJERCICIOS?

Este es un trabajo de entrenamiento que produce resultados y lo tendrá sirviendo 10 a 20 mph más rápido que antes de empezar el programa. Recuerde que hay un número de cosas que contribuyen hacia un servicio más fuerte. Iremos uno por uno. Recuerde trabajar el programa para que él trabaje por usted. En otras palabras, siga las tablas y el manual sin saltearse pasos o días en el calendario, para ver resultados.

Primero veamos qué necesitará:

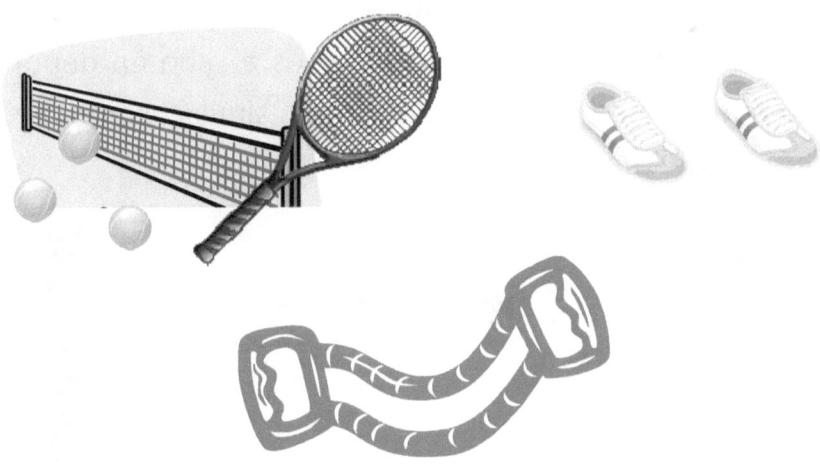

Necesitará:

- ✓ 1 RAQUETA DE TENIS (PREFERENTEMENTE SUYA) 10 PELOTAS DE TENIS (DE CUALQUIER TIPO)
- ✓ 1 PELOTA DE MEDICINA QUE PIQUE
- ✓ 1 BANDA DE EJERCICIO ESTIRABLE O ELÁSTICA
- ✓ ATUENDO DE TENIS (ROPA DE EJERCICIO CÓMODA)
- ✓ CANCHA DE TENIS

Para servir más fuerte, necesita 6 elementos básicos que funcionan juntos como un equipo. En este caso, nos enfocaremos en 6 ejercicios llevados a cabo en deportes diferentes, pero usados de forma similar como en el servicio del tenis.

Tener un buen lanzamiento, justo como un malabarista, es el *primer* y más importante elemento. Tener un lanzamiento bueno equivale al potencial de tener un buen servicio, y tener un lanzamiento malo equivale a nunca tener un buen servicio. Solo tiene sentido pensar que, si obtendrá un servicio más rápido de lo normal, tiene que asegurarse que la pelota esté en el lugar correcto en el momento del impacto.

El segundo elemento es **apuntar**. Si quiere tener una puntería como un arquero, una postura apropiada es necesaria. En tenis, una postura apropiada es obtenida al mantener una "posición de trofeo de tenis", antes de iniciar la aceleración. Busque un trofeo de tenis y copie esa posición. Verá una forma similar a la de un arquero, pero dirigida hacia arriba y con la rodilla doblada.

El tercer elemento es **enroscarse** antes de pegarle a la pelota. La mayoría de los mariscales de campo en el fútbol americano, tienen un poder de tiro increíble, y la razón principal de esta aceleración es por su posición enroscada. Practique rotar sus hombros hacia los lados para que pueda girarse hacia la bola y usar todo su cuerpo superior en un segundo (o tan rápido como pueda, una fracción de segundo sería ideal).

El cuarto elemento es **saltar**. Aquí es donde los jugadores de tenis más avanzados obtienen la velocidad adicional en su servicio. Los jugadores de básquetbol son los mejores al crear un salto vertical rápido y poderoso. Debería aprender y aplicar este factor importante a su servicio para obtener los resultados que quiere, a pesar de que pueda llevar un poco aprender a incorporar el salto y balanceo juntos.

El quinto elemento es la **aceleración del balanceo.** Usamos jugadores de béisbol para entender la técnica fundamental detrás de un movimiento de tirado bueno, ya que es muy similar al movimiento del brazo de los jugadores de tenis cuando balancean una raqueta de tenis y crear la aceleración necesaria. Al mejorar su tiro, mejorará su balanceo. Trabajará mucho en esto en el programa de entrenamiento para tirar más lejos cada vez, lo que equivaldrá a un servicio más fuerte.

El sexto y último elemento es **"golpear abajo la pelota".** Así como es importante mover su cuerpo hacia arriba y delante de la pelota, aun así, necesita la otra mitad de la ecuación, que es crear tanta fuerza hacia abajo con ambos brazos y cuerpo superior cuando impacta la pelota, al mismo tiempo que mantiene su cabeza en alto para mantener el contacto visual.

Programa de Entrenamiento del Servicio en el Tenis

Estos son los 6 entrenamientos de servicio que hará:

1. Tiro de pelota de tenis

2. Aceleración de servicios

3. Saltos en cuclillas

4. Tiros de bolas de medicina

5. Triángulo banda

6. Servicio completo

Programa de Entrenamiento del Servicio en el Tenis

Los tiros de pelota de tenis deberían ser hechos con un movimiento relajado, tal y como los lanzadores de béisbol hacen. Empiece con su peso en el pie trasero y termine con su peso en el pie derecho (para un diestro, para un zurdo debería ser al revés). Asegúrese de que su codo esté doblado, ya que un brazo recto solo lastimará su hombro. Use su brazo izquierdo para ayudarse a girar más rápido al girarlo hacia la izquierda al lanzar. Implementará una técnica similar cuando sirva, pero será desde un ángulo vertical hacia abajo mientras inicia el impacto hacia la bola.

La aceleración del servicio es la columna vertebral de esta serie de ejercicios, asique asegúrese de hacerla apropiadamente. Usando aceleración de servicio como parte de su pre calentamiento es muy efectivo y reducirá los daños en los hombros, codos y muñecas. Las aceleraciones del servicio son movimientos que realiza sin el uso de una pelota de tenis, lo que significa que está golpeando al aire y creando un sonido al ir más rápido. La fricción entre su raqueta y el aire crea este sonido. Prepárese como un servicio normal, incluya el salto y siga adelante. Termine al pisar o terminar por delante de la línea. Siempre termine por delante de la línea, ¡NO HACIA ATRÁS! Si salta hacia atrás nunca aprenderá a usar el peso de su cuerpo para incrementar la velocidad del servicio.

Los saltos en cuclillas son ejercicios muy simples que pueden ser hechos en la cancha, pero es mejor si lo hace en el césped o una superficie blanda para minimizar el impacto a la rodilla. También, use zapatillas cómodas que absorban la mayor cantidad de impacto posible, ya que hará muchos saltos. Doble sus rodillas con sus piernas separadas y su cadera y glúteos hacia atrás, sin dejar que las rodillas se vayan hacia adelante. Ir hacia adelante con las rodillas causa daño innecesario en sus rodillas y los ligamentos podrían lastimarse. Use sus brazos para impulsarse hacia arriba y saltar. Cuando aterrice en el piso, junte sus pies para reducir el impacto.

Al repetir los saltos cada semana, debería saltar más alto, y esto equivaldrá a más momento hacia su brazo. La fuerza adicional en sus piernas le ayudará a mejorar su aceleración y le dará un punto más alto de impacto, lo que ayudará a meter más servicios.

Los tiros de bola de medicina tienen que ser realizados con una pelota que sea aceptable para su nivel de fuerza. No use una pelota de más de 20 libras, ya que solo hará que sirva más lento en vez de rápido. Pruebe bolas diferentes y vea cuál es la más cómoda para usted. Escoja una basado en la cantidad de repeticiones que puede completar con una técnica apropiada. Una buena forma es todo. Querrá fortalecer los músculos correctos cada vez que ejercite. Debería comenzar con la bola detrás de su cabeza y los codos doblados. Doble sus rodillas y tire la bola hacia abajo para que rebote hacia el nivel de su hombro. Agarre la pelota y repita tantas veces como diga la tabla.

La banda triangular es un entrenamiento avanzado y necesita ser realizado apropiadamente para obtener resultados máximos. Empiece poniéndose sobre su rodilla derecha.

Luego, ponga la banda alrededor de un objeto firme, como una reja, árbol, u otro. Tome la banda con su mano derecha y doble su codo para completar un movimiento de tirar y empujar con su brazo, como haría cuando sirve. Al mismo tiempo, mueva su codo izquierdo para adelante y abajo, hacia sus costillas, para sentirlas contraer, y luego regrese a la misma posición de inicio. Repita tal y como requiera la tabla. Encuentre una banda que sea apropiada para usted.

Un **servicio completo** requiere que haga tantos servicios como se indique en la tabla. Trate de empujar y tirar con todos los músculos con los que trabajó anteriormente en los 5 ejercicios anteriores del programa de entrenamiento. En otras palabras, querrá asegurarse que esté saltando, enroscándose, acelerando, balanceando y tirando hacia abajo la pelota en cada servicio. Su objetivo debería ser trabajar en todas las piezas de su servicio por separado y luego, en el 6° ejercicio, ponerlos juntos en un servicio más fuerte y rápido.

Todos los ejercicios deben ser llevados a cabo en el mismo orden y con tantas repeticiones como se requiera en las tablas. No altere el orden, cantidad, técnica o posición en la que se supone que los complete, ya que podría cambiar los resultados negativamente.

PARTE 2

INTERPRETANDO LAS TABLAS

Mire cada tabla y determine 2 cosas:

1. **¿En qué etapa del entrenamiento está?** La etapa de competición es cuando está durante una competencia. La pre-competición es cuando está algunos meses antes de competir. Fuera de temporada es la tercera etapa y es cuando no está compitiendo o previo a ello. Cada tabla es para una etapa específica de competencia, asique asegúrese de decidir dónde se encuentra, ya que el nivel de dificultad de cada tabla cambia drásticamente.

2. **¿En qué nivel de jugador de tenis está?** principiante, intermedio y avanzado. Cada nivel afectará la dificultad y repetición de cada ejercicio. Si encuentra que un nivel es muy difícil para usted, siempre puede reducir un nivel y avanzar al mejorar su habilidad y fuerza.

Una vez que tenga estas dos cosas en claro, vaya a la tabla y columnas que describan mejor su situación, para poder empezar a entrenar.

Programa de Entrenamiento del Servicio en el Tenis

ALWAYS WARM UP BEFORE STARTING THE SERVE HARDER TRAINING PROGRAM!

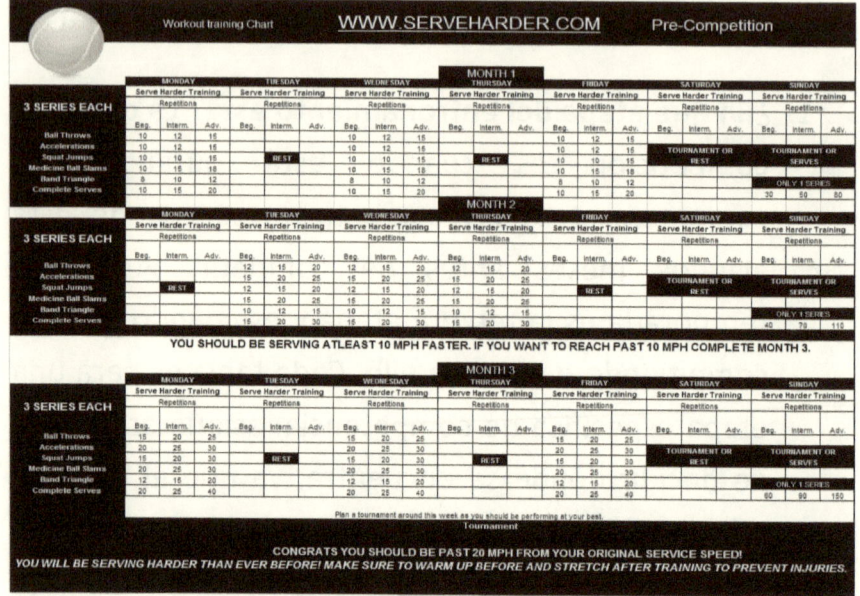

Programa de Entrenamiento del Servicio en el Tenis

Workout training Chart — WWW.SERVEHARDER.COM — During Competition

MONTH 1

3 SERIES EACH	MONDAY Serve Harder Training Repetitions			TUESDAY Serve Harder Training Repetitions			WEDNESDAY Serve Harder Training Repetitions			THURSDAY Serve Harder Training Repetitions			FRIDAY Serve Harder Training Repetitions			SATURDAY Serve Harder Training Repetitions			SUNDAY Serve Harder Training Repetitions		
	Beg.	Interm.	Adv.	Beg.	Interm.	Adv.	Beg.	Interm.	Adv.	Beg.	Interm.	Adv.	Beg.	Interm.	Adv.	Beg.	Interm.	Adv.	Beg.	Interm.	Adv.
Ball Throws	6	8	10	6	8	10				6	8	10	6	8	10	TOURNAMENT OR REST			TOURNAMENT OR SERVES		
Accelerations	10	10	10	10	10	10				10	10	10	10	10	10						
Squat Jumps	5	7	10		REST		5	7	10		REST		5	7	10						
Medicine Ball Slams	6	8	10				5	8	10				6	8	10						
Band Triangle	10	10	10				10	10	10				10	10	10						
Complete Serves	10	15	20				10	15	20				10	15	20						

MONTH 2

3 SERIES EACH	MONDAY			TUESDAY			WEDNESDAY			THURSDAY			FRIDAY			SATURDAY			SUNDAY		
	Beg.	Interm.	Adv.	Beg.	Interm.	Adv.	Beg.	Interm.	Adv.	Beg.	Interm.	Adv.	Beg.	Interm.	Adv.	Beg.	Interm.	Adv.	Beg.	Interm.	Adv.
Ball Throws	8	10	12	8	10	12				8	10	12	8	10	12	TOURNAMENT OR REST			TOURNAMENT OR SERVES		
Accelerations	12	12	12	12	12	12				12	12	12	12	12	12						
Squat Jumps		REST		7	9	12	7	9	12	7	9	12		REST							
Medicine Ball Slams				8	8	12	6	8	12	8	8	12									
Band Triangle				12	12	12	12	12	12	12	12	12									
Complete Serves				10	15	20	10	15	20	10	15	20									

YOU SHOULD BE SERVING ATLEAST 10 MPH FASTER. IF YOU WANT TO REACH PAST 10 TO 20 MPH COMPLETE MONTH 3.

MONTH 3

3 SERIES EACH	MONDAY			TUESDAY			WEDNESDAY			THURSDAY			FRIDAY			SATURDAY			SUNDAY		
	Beg.	Interm.	Adv.	Beg.	Interm.	Adv.	Beg.	Interm.	Adv.	Beg.	Interm.	Adv.	Beg.	Interm.	Adv.	Beg.	Interm.	Adv.	Beg.	Interm.	Adv.
Ball Throws	10	12	14	10	12	14				10	12	14	10	12	14	TOURNAMENT OR REST			TOURNAMENT OR SERVES		
Accelerations	14	14	14	14	14	14				14	14	14	14	14	14						
Squat Jumps	8	10	13		REST		8	10	13		REST		8	10	13						
Medicine Ball Slams	8	10	14				8	10	14				8	10	14						
Band Triangle	14	14	14				14	14	14				14	14	14						
Complete Serves	10	15	20				10	15	20				10	15	20						

Plan a tournament around this week as you should be performing at your best.
Tournament

CONGRATS YOU SHOULD BE PAST 20 MPH FROM YOUR ORIGINAL SERVICE SPEED!
YOU WILL BE SERVING HARDER THAN EVER BEFORE! MAKE SURE TO WARM UP BEFORE AND STRETCH AFTER TRAINING TO PREVENT INJURIES.

Workout training Chart — WWW.SERVEHARDER.COM — During Off Season

MONTH 1

3 SERIES EACH	MONDAY			TUESDAY			WEDNESDAY			THURSDAY			FRIDAY			SATURDAY			SUNDAY		
	Beg.	Interm.	Adv.	Beg.	Interm.	Adv.	Beg.	Interm.	Adv.	Beg.	Interm.	Adv.	Beg.	Interm.	Adv.	Beg.	Interm.	Adv.	Beg.	Interm.	Adv.
Ball Throws	10	12	15	10	12	15				10	12	15	10	12	15	TOURNAMENT OR REST			TOURNAMENT OR SERVES		
Accelerations	12	15	18	12	15	18				12	15	18	12	15	18						
Squat Jumps	10	15	20		REST		10	15	20		REST		10	15	20						
Medicine Ball Slams	10	15	18				10	15	18				10	15	18						
Band Triangle	10	12	15				10	12	15				10	12	15				ONLY 1 SERIES		
Complete Serves	20	30	40				20	30	40				20	30	40				30	60	80

MONTH 2

3 SERIES EACH	MONDAY			TUESDAY			WEDNESDAY			THURSDAY			FRIDAY			SATURDAY			SUNDAY		
	Beg.	Interm.	Adv.	Beg.	Interm.	Adv.	Beg.	Interm.	Adv.	Beg.	Interm.	Adv.	Beg.	Interm.	Adv.	Beg.	Interm.	Adv.	Beg.	Interm.	Adv.
Ball Throws				12	15	20	12	15	20	12	15	20				TOURNAMENT OR REST			TOURNAMENT OR SERVES		
Accelerations				15	20	25	15	20	25	15	20	25									
Squat Jumps		REST		15	20	25	15	20	25	15	20	25		REST							
Medicine Ball Slams				15	20	25	15	20	25	15	20	25									
Band Triangle				12	15	20	12	15	20	12	15	20							ONLY 1 SERIES		
Complete Serves				25	35	45	20	30	40	20	30	40							40	70	110

YOU SHOULD BE SERVING ATLEAST 10 MPH FASTER. IF YOU WANT TO REACH PAST 10 MPH COMPLETE MONTH 3.

MONTH 3

3 SERIES EACH	MONDAY			TUESDAY			WEDNESDAY			THURSDAY			FRIDAY			SATURDAY			SUNDAY		
	Beg.	Interm.	Adv.	Beg.	Interm.	Adv.	Beg.	Interm.	Adv.	Beg.	Interm.	Adv.	Beg.	Interm.	Adv.	Beg.	Interm.	Adv.	Beg.	Interm.	Adv.
Ball Throws	13	18	21				13	18	21				13	18	21	TOURNAMENT OR REST			TOURNAMENT OR SERVES		
Accelerations	20	25	30				20	25	30				20	25	30						
Squat Jumps	20	25	35		REST		20	25	35		REST		20	25	35						
Medicine Ball Slams	20	25	30				20	25	30				20	25	30						
Band Triangle	15	18	25				15	18	25				15	18	25				ONLY 1 SERIES		
Complete Serves	35	45	60				35	45	60				35	45	60				60	90	150

Plan a tournament around this week as you should be performing at your best.
Tournament

CONGRATS YOU SHOULD BE PAST 20 MPH FROM YOUR ORIGINAL SERVICE SPEED!
YOU WILL BE SERVING HARDER THAN EVER BEFORE! MAKE SURE TO WARM UP BEFORE AND STRETCH AFTER TRAINING TO PREVENT INJURIES.

LAS 3 ETAPAS DEL PROGRAMA DE ENTRENAMIENTO PARA SERVIR CON MÁS FUERZA

Durante la Competencia

Esto sería cuando está compitiendo contra otros jugadores de tenia y está haciendo servicios adicionales durante la competencia, además de este programa.

Durante la temporada baja

Esta es la etapa cuando no está compitiendo y puede trabajar tan duro como quiera sin sacrificar resultados en partidos.

Pre-Competición

Esta es la etapa cuando se está preparando para la competencia y necesita estar en su mejor forma. Esto podría ser 1, 2 y hasta 3 meses antes de un evento.

Estos son los 6 ejercicios que hará durante el entrenamiento. Debe realizar 3 series de cada uno.

Programa de Entrenamiento del Servicio en el Tenis

Esta es la descripción de una sesión de entrenamiento para el lunes de una semana y de la siguiente. El primer lunes está dividido en principiante, intermedio y avanzado. Debajo verá cuántas repeticiones debe completar dependiendo de su nivel. El lunes siguiente representa un día de descanso, en el que no realizará ningún entrenamiento.

MONDAY		
Serve Harder Training		
Repetitions		
Beg.	Interm.	Adv.
6	8	10
10	10	10
5	7	10
5	8	10
10	10	10
10	15	20

MONDAY		
Serve Harder Training		
Repetitions		
Beg.	Interm.	Adv.
	REST	

Este es un ejemplo de un fin de semana en el cual podría tener un entrenamiento. En ese caso, no practica servicios. Por otro lado, si no tiene competición ese día, haría solo una serie de servicios basado en su nivel de juego.

SUNDAY		
Serve Harder Training		
Repetitions		
Beg.	Interm.	Adv.
TOURNAMENT OR SERVES		
ONLY 1 SERIES		
30	50	80

Programa de Entrenamiento del Servicio en el Tenis

Esta parte de la tabla muestra el MES 1 y MES 2.

Asegúrese de no saltear meses y seguir el calendario como se dirige.

MONTH 1
THURSDAY

Serve Harder Training

Repetitions		
Beg.	Interm.	Adv.
	REST	

MONTH 2
THURSDAY

Serve Harder Training

Repetitions		
Beg.	Interm.	Adv.
8	10	12
12	12	12
7	9	12
6	8	12
12	12	12
10	15	20

Programa de Entrenamiento del Servicio en el Tenis

Esta parte en una de las tablas muestra semanas enteras de entrenamiento con sus respectivos descansos. En los días de descanso, debería descansar sus hombros para poder continuar trabajando duro en el siguiente día de entrenamiento.

MONTH 1

3 SERIES EACH	MONDAY Serve Harder Training Repetitions			TUESDAY Serve Harder Training Repetitions			WEDNESDAY Serve Harder Training Repetitions			THURSDAY Serve Harder Training Repetitions			FRIDAY Serve Harder Training Repetitions			SATURDAY Serve Harder Training Repetitions			SUNDAY Serve Harder Training Repetitions		
	Beg.	Interm.	Adv.	Beg.	Interm.	Adv.	Beg.	Interm.	Adv.	Beg.	Interm.	Adv.	Beg.	Interm.	Adv.	Beg.	Interm.	Adv.	Beg.	Interm.	Adv.
Ball Throws	6	8	10				6	8	10				6	8	10						
Accelerations	10	10	10				10	10	10				10	10	10	TOURNAMENT OR			TOURNAMENT OR		
Squat Jumps	5	7	10	REST			5	7	10	REST			5	7	10	REST			SERVES		
Medicine Ball Slams	5	8	10				5	8	10				5	8	10						
Band Triangle	10	10	10				10	10	10				10	10	10						
Complete Serves	10	15	20				10	15	20				10	15	20						

PARTE 3

SEIS SECRETOS PARA UN SERVICIO MÁS RÁPIDO

SECRETO # 1

Péguele a la bola por delante de la línea

Ningún servicio llegará a velocidad máxima si usted está golpeando la pelota por detrás suyo. A pesar de que pueda llegar a sentirse cómodo haciendo esto de la forma incorrecta, aún es incorrecto y necesita ser corregido. Las rutinas viejas necesitan ser reemplazadas con rutinas nuevas y mejores. Así es como llegará a su potencial máximo. Luego de completar un servicio, su cuerpo entero debería haber aterrizado pasando la línea, lo que sólo puede significar que tiró la pelota por delante suyo. Al impulsar su cuerpo hacia adelante cuando sirve, no solo prevendrá daños, sino que también generará mucha más fuerza que con su brazo solo. La mayoría de los daños en servicio ocurren por un mal saque, y eso es usualmente detrás de su punto ideal de contacto.

SECRETO #2

Pronación de la muñeca

La mayoría de las personas nunca notan uno de los elementos más importantes de un servicio rápido. Hay dos etapas por las que va la bola luego del servicio: la primera es justo después del impacto, que la bola va a una velocidad inicial en el aire, y la segunda es la velocidad a la que la bola va luego de impactar en el suelo en terreno de su oponente. Unas de dos cosas pueden ocurrir aquí: o su servicio pega en el piso y empieza a perder aceleración (que es la más común), o la bola pega y mantiene o incrementa su velocidad. ¿Cómo es posible? Aquí es donde la pronación de la muñeca entra en juego. Cuando está girando su muñeca para el impacto con la bola, querrá moverla hacia abajo y la izquierda para que la cara de su raqueta esté perpendicular a la cancha, en vez de frente a ella, y luego traer ese brazo abajo a su cadera opuesta.

SECRETO #3

Conecte sus Pies con sus Manos

Para generar poder real, debe usar su cuerpo entero. El punto de partida son sus pies. Practique agregar un salto más fuerte empezando con sus piernas. Experimente con diferentes tipos de saltos, con sus pies juntos, separados, o uniéndose al prepararse para el impacto, y vea cuál le ayuda a empujar el piso más fuertemente. El que le permita saltar más alto será el tipo de salto que le permitirá incrementar la velocidad de la mano, ya que cada servicio es una reacción en cadena que tiene un principio y un fin. Todo comienza con sus piernas.

SECRETO #4

Bio mecánica del Sonido

La biomecánica del servicio es la base para un buen tiro. Significa, básicamente, qué tan eficientemente su cuerpo se conecta con cada otra parte para crear un servicio suave y sin esfuerzo. Tener una buena técnica en su servicio es la única forma en que logrará velocidades mayores a 100 mph. Asegúrese de tener un buen entrenador para hacerlo. Este programa de entrenamiento incluye entrenador 1 a 1, asique asegúrese de preguntar y sacar lo máximo de él.

SECRETO #5

Mantenga su Cabeza y Pera Alta

Al mantener su cabeza y pera alta durante el movimiento de servicio, usted promueve dos cosas muy importantes: primero, permite ver la bola más tiempo, lo que le permitirá impactarla más limpiamente y eso a su vez equivaldrá en un servicio más rápido inmediatamente, y segundo, le ayudará a mantener su brazo izquierdo arriba, para poder utilizarlo para bajar en el momento adecuado y generar una buena rotación del cuerpo. Una buena forma es esencial. Asegúrese de recordarse mantener su cabeza en alto al mantener su brazo izquierdo en alto, tanto como sea posible, para mantener una buena forma del cuerpo.

SECRETO #6

Impacte la bola en la parte más alta de la raqueta

La mayoría de las personas probablemente nunca se fijan dónde están impactando la bola en la raqueta, y se pierden el potencial de añadir más mph a su servicio. Debería siempre intentar pegarle a la pelota con la parte más alta de la raqueta, para crear más apalancamiento en el movimiento. Un contacto bajo nunca generará tanta aceleración como uno alto. Mire para ver dónde dejan más pelos las bolas de tenis en su raqueta, y trabaje para encontrar el punto ideal de impacto. Continúe trabajando hasta encontrar este punto. Además, crear un círculo más grande con su movimiento es parte de este concepto, asique asegúrese de no impactar la bola con un codo recto o firme. Manténgase relajado y muévase libremente a través de la bola. Usando el apalancamiento como una herramienta para incrementar la velocidad de su servicio le permitirá lograr resultados más rápido.

15 EJERCICIOS DE SERVICIO PARA DOMINAR LA CONSISTENCIA, GIRO Y PODER

1. Ejercicio de Alto porcentaje de primer servicio

Asegúrese calentar antes de pegar los servicios fuertes. Los primeros servicios pueden ser planos, con movimiento o con patada, dependiendo de su estilo preferido, asique no es necesario pegar plano y duro. Esto es simplemente un segundo servicio muy fuerte que normalmente se hace con giro, pero con mucho riesgo.

Empiece a servir en el lado igual de la cancha. Servirá y cuando las bolas peguen en la caja de servicio, lo llamará "1° servicio en línea". El próximo servicio será "2° servicio en línea", pero si erra, simplemente vuelva a 0. El objetivo es obtener la mayor cantidad de tiros consecutivos. SI por alguna razón está en 10 o 15 y erra, debe volver a 1 ya que es cómo se hace este ejercicio. Una vez que sienta que ha llegado al número más alto posible, cambiará de lado de la cancha y hará lo mismo. Cambiar de lado es muy importante ya que la mayoría de las personas sirven mejor de un lado que el otro, pero solo podrá determinar esto asegurándose de darse una oportunidad de cada lado para determinar su mejor número posible.

Este ejercicio le ayudará a mejorar su primer servicio, lo que normalmente significa más puntos libres en su partido. Recuerde anotar el número más alto para intentar mejorar en el siguiente día o semana.

2. Ejercicio de Alto porcentaje de segundo servicio

El ejercicio de segundo servicio es muy simple. Empezará en el lado igual de la cancha. Servirá y cada vez que entre en la cancha, contará "1° segundo servicio en línea". Cuando haga 2, "2° servicio en línea". Si yerra un servicio, deberá volver a cero. Su objetivo es alcanzar el número más alto posible para mejorar su confianza bajo presión y ser más consistente.

Una vez que termine de hacerlo en un lado de la cancha, cambie al otro y repita el proceso. Anote los resultados para intentar mejorarlos cada vez que practique este ejercicio.

3. Ejercicio de Preparación para Partido

Jugará un partido contra usted mismo y sin un oponente del otro lado de la cancha. Servirá 2 servicios. Si mete el 1° servicio, no necesita el 2°, como en un partido normal. Cuenta "15-0" y continúa. Si falla ambos servicios, contará el punto en contra "0-15". Una vez que termine el primer juego, continúe al segundo. Su objetivo es terminar ganando el set al llegar a 6 puntos. Si gana 6-0 debería continuar con los siguientes ejercicios, pero si lo hace 6-4 o pierde, debería pasar más tiempo en este ejercicio antes de continuar.

4. Ejercicio de preparación del partido para las primeras comidas

Vas a jugar un partido contra ti mismo y sin un oponente en el otro lado de la cancha. Comience sirviendo dos servicios. Un primer saque y otro primer saque en sustitución de un segundo saque. Si obtiene su primer servicio en usted no tiene que servir un segundo servicio, al igual que en un partido real. Si obtienes tu primer saque en tu cuenta "15-0" y pasa al lado del anuncio como lo harías normalmente en un partido de tenis real. Si pierde su primer servicio, debe servir un segundo saque (que para este ejercicio será otro primer servicio). Si el saque va en usted lo contaría como un punto, pero si usted falta su segundo saque usted cuenta ese punto contra usted como usted normalmente "0-15". Contar como un partido normal. Una vez que termine el primer juego, pasar al segundo juego. Tu objetivo es terminar de ganar el set alcanzando 6 juegos igual que un partido normal, pero solo sirviendo primeros servicios, incluso cuando se supone que debes servir un segundo saque.

Este ejercicio mejorará mucho su porcentaje de primer servicio bajo presión y en un partido.

5. Ejercicio de Preparación de Partidos para Segundas Servidas

Vas a jugar un partido contra ti mismo y sin un oponente en el otro lado de la cancha. Comience sirviendo dos servicios. Un segundo saque (en lugar de un primer saque) y otro segundo saque. Si obtiene su primer servicio en usted no tiene que servir un segundo servicio, al igual que en un partido real. Si obtienes tu primer saque en tu cuenta "15-0" y pasa al lado del anuncio como lo harías normalmente en un partido de tenis real. Si pierde su primer servicio, debe servir un segundo saque (que para este ejercicio será un servicio más). Si el saque va en usted lo contaría como un punto, pero si usted falta su segundo saque usted cuenta ese punto contra usted como usted normalmente "0-15". Contar como un partido normal. Una vez que termine el primer juego, pasar al segundo juego. Tu objetivo es terminar de ganar el set alcanzando 6 juegos igual que un partido normal, pero sirviendo solo segundos, incluso cuando se supone que debes servir un primer saque.

Este ejercicio mejorará en gran medida su porcentaje de segundo servicio bajo presión y en un partido.

6. El ejercicio de lado a lado

Para este ejercicio que desea comenzar por servir desde el lado deuce de la cancha. Comience por servir a lo ancho y luego cambiar y servir en el centro o también conocido como el "centro T". Alterna cada vez que golpeas una pelota para que nunca sirvas al mismo lado. Una vez que se golpean 30-100 bolas en el lado deuce del interruptor de la cancha y hacer lo mismo en el otro lado. La cantidad de servicios que usted golpea está determinada por su nivel de juego y también por cuántos sirve puede golpear sin lastimar su hombro, especialmente si ha tenido problemas de hombro en el pasado.

7. El taladro de servicio 3 en 1

Para este ejercicio que desea comenzar por servir desde el lado deuce de la cancha. Usted servirá a los tres puntos comunes en la caja de servicio: en el ancho, al cuerpo, y por el centro o centro "T". Comience sirviendo en primer lugar y luego haga que su siguiente saque vaya al cuerpo de su oponente, y la última o tercera bola que usted saque debe ir por el centro o el centro de la cancha. Vas a repetir el patrón cada vez para mejorar tu objetivo.

Una vez que se golpean 30-100 bolas en el lado deuce del interruptor de la cancha y hacer lo mismo en el otro lado. La cantidad de servicios que usted golpea está determinada por su nivel de juego y también por cuántos sirve puede golpear sin lastimar su hombro, especialmente si ha tenido problemas de hombro en el pasado.

8. El Ejercicio del Servicio de Adelante

Comience colocando un cono cerca de 4-6 pies de la línea de servicio delante de dondequiera usted decide colocarse cuando usted sirve. Tendrá que servir y luego correr hacia el cono y correr alrededor de él en un movimiento en sentido contrario a las agujas del reloj y siempre mirando hacia el otro lado de la cancha para que nunca corra girando. Cuando regrese a la línea de servicio, tome otra pelota y vuelva a hacerlo. El objetivo es empezar a hacer contacto más frente y más allá de la línea de servicio para beneficiarse de estar más cerca de su objetivo que siempre será el cuadro de servicio en el lado opuesto de la cancha. Este ejercicio le ayudará a hacer muchas cosas positivas para su servicio:

1. Mejorará su tirada.

2. Le ayudará a alcanzar completamente adelante al hacer el contacto de modo que su brazo no sea restringido o doblado adentro al golpear la bola.

3. El taladro le enseñará a usar todo su cuerpo no sólo su brazo para generar energía.

4. También mejorará su juego neto como usted estará moviéndose constantemente hacia la red.

5. Usted aprenderá a golpear hacia abajo en la cancha y no hacia arriba al otro lado de la cancha.

6. Su barbilla se mantendrá más tiempo que de costumbre que le dará más bolas a través de la red.

Una vez que se golpean 30-100 bolas en el lado deuce del interruptor de la cancha y hacer lo mismo en el otro lado. La cantidad de servicios que usted golpea está determinada por su nivel de juego y también por cuántos sirve puede golpear sin lastimar su hombro, especialmente si ha tenido problemas de hombro en el pasado.

9. Servir y hacer ejercicio

Para el servicio y el ejercicio de vóley que necesita para comenzar en la línea de servicio. Comience por servir y avanzar hacia la red. Usted tendrá que completar una volea imaginaria en el lado derecho. Me gusta llamar a esto una volea simulada ya que no va a hacer contacto con cualquier bola en ese tiro, pero usted tendrá que utilizar su mejor técnica y esfuerzo en él para que no sólo apresurarse a través de él. La clave es asegurarse de cruzar la línea de la media línea antes de volea para que haya ido todo el camino a la red. Este es un ejercicio muy exigente físicamente, pero vale la pena el esfuerzo.

Haga esto 10-50 veces en el lado del deuce de la corte y dividiendo los servicios entre las voleas de la mitad de la derecha y las voleas de medio revés cuando usted entra en la red. Usted puede agregar una sobrecarga después de la volea que mejorará aún más su servicio y juego de volea. Total, sirve sería 30-100 sirve en el lado deuce.

Una vez que se golpean 30-100 bolas en el lado deuce del interruptor de la cancha y hacer lo mismo en el otro lado. La cantidad de servicios que usted golpea está determinada por su nivel de juego y también por cuántos sirve puede golpear sin lastimar su hombro, especialmente si ha tenido problemas de hombro en el pasado.

10. El ejercicio de tres cuartos de servicio

Para los tres cuartos servir taladro que desea estar en la línea de servicio en el lado deuce de la corte. Necesitará servir un segundo servicio rápido para tener aún algún tipo de control y consistencia sobre el servicio, pero ser mucho más agresivo con él. Debe ser un servicio que le da a su oponente problemas para devolver, pero no necesariamente debe ser un as. La mejor manera de hacer esto es con una rebanada o saque de patada, pero todavía se puede hacer sólo plana si no tiene ningún servicio de giro.

Una vez que se golpean 30-100 bolas en el lado deuce del interruptor de la cancha y hacer lo mismo en el otro lado. La cantidad de servicios que usted golpea está determinada por su nivel de juego y también por cuántos sirve puede golpear sin lastimar su hombro, especialmente si ha tenido problemas de hombro en el pasado.

11. El ejercicio "Mover la línea de base"

Para este taladro usted necesitará estar parado en el lado del deuce de la línea de servicio y comenzar tan cerca de la mitad como sea posible. Usted servirá desde ese lugar y luego dar un paso a la derecha y servir de nuevo. Repite esto hasta llegar al callejón de dobles. En ese momento comenzarás a servir dando un paso hacia la izquierda para volver a la mitad de la cancha. No se apresure al hacer este ejercicio. Completa un saque y luego paso a un lado y completa el siguiente servicio para que te acostumbras a servir desde diferentes ángulos en la línea de base.

Una vez que se golpean 30-100 bolas en el lado deuce del interruptor de la cancha y hacer lo mismo en el otro lado. La cantidad de servicios que usted golpea está determinada por su nivel de juego y también por cuántos sirve puede golpear sin sentirse fatigado.

12. El Ejercicio de Variedad

Para este taladro necesitará saber cómo servir plano, con rebanada, y con el top spin o el saque del retroceso para realizarlo. Para este taladro usted comenzará parado en el lado del deuce de la corte y usted comenzará a servir un saque plano seguido por un servicio de la rebanada seguido por un top spin o un saque del retroceso. Esta orden es importante, pero no es estricta, ya que puede ir de un saque plano a un saque de patada sin un problema y luego a un servicio de rebanada. La clave aquí es la variedad. No se le permite servir el mismo servicio en una fila. Usted debe mezclar cada servicio después de golpear el último. Esto le ayudará a ganar muchos más servicios y tener más ganadores de servicio debido al nivel de dificultad que le dará a su oponente. Mezcla de servicios le beneficiará más que sólo ser predecible.

Una vez que se golpean 30-100 bolas en el lado deuce del interruptor de la cancha y hacer lo mismo en el otro lado. La cantidad de servicios que usted golpea está determinada por su nivel de juego y también por cuántos sirve puede golpear sin lastimar su hombro, especialmente si ha tenido problemas de hombro en el pasado.

Sirva plana, rebanada, spin superior sirve en ese orden de 30 bolas en una fila.

13. Ejercicio de entrenamiento de servicio eléctrico

Para este ejercicio que desea comenzar por servir desde el lado deuce de la cancha. Usted comenzará sirviendo suavemente para retardar traer la velocidad del servicio cada vez que usted sirve una bola. El primer saque que usted golpee debe ir muy lento, el segundo debe ir un poco más rápido, etc. Cuando usted consigue a su sexto golpe del servicio, habiendo comenzado suave en el servicio 1, usted debe golpear su más duro. Repita este proceso tres veces va de lento a rápido como para calentar a servir y para averiguar lo que más difícil o más rápido servir. Una vez que sepa lo difícil que puede servir sólo servirá duro hasta que golpee 20-60 bolas en el lado deuce del interruptor de la cancha y hacer lo mismo en el otro lado. La cantidad de servicios que usted golpea está determinada por su nivel de juego y también por cuántos sirve puede golpear sin lastimar su hombro, especialmente si ha tenido problemas de hombro en el pasado.

Asegúrese de que este ejercicio que usted todavía intenta mantener la técnica tan buena como sea posible para que ahora sólo va para el poder y perder lo que es más importante para su servicio, que es la suavidad. Tener un servicio suave y relajado le dará un servicio mucho más rápido y hacerlo con la técnica adecuada hará mucho más posible hacerlo eficazmente.

14. El ejercicio de servicio de cancha corta

Para este ejercicio empezará el servicio del área de iguales en la cancha, pero se parará en la línea media. Su objetivo es servir en la caja de servicio como normalmente, pero estará mucho más cerca, dentro de la cancha. Tiene permitido tirar la pelota y hacer contacto frente a usted, sin hacer falta con el pie. Complete 20 servicios de ambos lados de la cancha. Anote cuántos entraron y si el segundo pique pegó atrás o no llegó a la reja del final. Para los jugadores avanzados, mida qué tan alto pega en la reja y trabaje en llegar más alto cada vez.

Luego de completar 20 servicios de cada lado mientras está de pie, tome un paso atrás y sirva una bola en la caja de servicio. Luego otro paso más y así hasta llegar a la línea de base, que es donde se quedará. Sirva 20 servicios más desde ambos lados. Recuerde apuntar más alto en su servicio.

15. El ejercicio de servicio en sus rodillas

Para este ejercicio, necesitará una manta cómoda o toalla que no le de dolor a sus rodillas. Empiece arrodillándose en la manta en la línea de saque. Tome una bola y haga un servicio en la caja de servicio. Completará un servicio normal excepto por la mitad inferior de su cuerpo, que será eliminada porque estará de rodillas. Complete 10-20 servicios así, luego párese y haga 10-20 servicios normales. Esta es su primera ronda. Comience la segunda ronda. La combinación debería ser una ronda de servicios en rodillas seguida de una normal. Repita el proceso 3 veces para completar un lado de la cancha. Debería haber servido 30-60 servicios al terminar. Una vez que termine, muévase al otro lado y haga el proceso de nuevo. Al terminar el ejercicio, deberá haber completado 60-120 servicios. La cantidad dependerá en su nivel de comodidad y qué tan fuerte decide trabajar ese día.

PRECAUCIÓN: No complete todos los ejercicios en el mismo día ya que no se supone que haga 1,000 servicios en un día de entrenamiento. Elija uno o dos por un día de entrenamiento y trabaje en esos. Todos estos ejercicios son geniales y mejorarán su servicio, simplemente escoja los que quiere hacer y hágalos durante la semana o el mes, para obtener el mejor resultado de estos 15 ejercicios. Asegúrese de que alguien mire su técnica general ya que es lo más importante para tener un servicio exitoso, y le ayudará a alcanzar su potencial más rápido. Estire y caliente antes de empezar el servicio. Saltar la cuerda, correr, hacer tiros de bola y círculos con los brazos son buenas formas de calentar.

OTROS TÍTULOS POR JOSEPH CORREA

Programa de Entrenamiento para Servir más Duro en Tenis

Este DVD le enseñará cómo servir 10-20 mph más rápido en un programa día a día de 3 meses. El mejor programa de entrenamiento de servicio en el mercado. El video incluye un programa de 3 meses y manual paso a paso. EL DVD muestra cómo hacer los ejercicios apropiadamente y el proceso a seguir para ser exitoso con el programa.

Las 33 leyes del Tenis

Las 33 Leyes del Tenis es un libro repleto de conceptos valiosos del tenis para ayudarlo a volverse mejor y más preparado. Este libro fue escrito por un jugador de tenis profesional y entrenador en USA. Es un libro muy útil que le vendrá bien cuando menos lo crea, y le recordará muchas cosas pequeñas pero importantes antes de competir.

Trabajo de Pies y Cardio para Tenis de Joseph Correa

Joseph Correa es un jugador de tenis profesional y entrenador que ha competido y enseñado en todo el mundo en los torneos ITF y ATP durante muchos años. Además de ser un jugador de tenis profesional tiene una certificación de entrenamiento profesional de USPTR y la certificación de entrenamiento de niños de ITF.

Consiga estar en mejor forma y mejore su movilidad dentro y fuera de la cancha de tenis. Su trabajo de pie mejorará drásticamente, así como fortalecer su núcleo y la parte superior del cuerpo. Esto definitivamente vale la pena para un jugador de tenis serio no importa cuál sea su nivel. Usted se convierte en más rápido, más fuerte y más ágil en la cancha, así como ver un aumento en la aceleración en sus golpes de fondo y servir. Creado por un jugador profesional de tenis para que otros puedan avanzar en su juego y ganar más partidos.

Yoga para Tenis de Joseph Correa

Yoga para Tenis de Joseph Correa es una gran manera de mejorar su flexibilidad y agilidad en la cancha. Alcanzar más bolas y tener menos lesiones. Es una gran manera de ganar más trabajando en una parte diferente de su juego. El DVD dura unos 30 minutos. Utilizado por aficionados y tenistas profesionales para mejorar su juego y durar más tiempo en los partidos. Esta es la mejor manera para que un jugador de tenis se vuelva más flexible y deshacerse de lesiones comunes de espalda, rodilla, hombro, tendón de la corva, pantorrilla y cuádriceps. ¡Estarás encantado de empezar!

Tenis ABS de Joseph Correa

ABS del tenis es una gran manera de consolidar su base para los servicios más potentes, derechos y revés, así como vóley más fuertes. Abdominales son fundamentales para un mejor juego. Este DVD funciona en muchos tipos de abdominales, abdominales y abdominales y ejercicios de espalda que no encontrarás en otros videos abdominales. ¡Siéntase seguro al cambiar su camisa durante su partido y golpear la pelota más difícil!

www.ingramcontent.com/pod-product-compliance
Lightning Source LLC
Chambersburg PA
CBHW060343080526
44584CB00013B/894